Inhalt

Für die fachliche Beratung und Durchsicht des Manuskripts danken wir **Herrn Uwe Prokoph** vom Jugend-Öko-Haus Dresden.

6. Auflage 2025

Brunnenstraße 7, D-34286 Spangenberg
Tel.: 05663-280, Fax: 05663-6562
E-Mail: fischer-nagel@t-online.de, URL: www.fischer-nagel.de

Fotos: Über shutterstock:

U 1:DedeDian; 2/3, 12 l.o., 12 l.u., 12 l.m.u., 13 i.u., 13 r.o., 17 l.o., 19 r.o., 19 u., 24; 26 u., 32 l.o., 32 r.u., 44 l.o.: reptiles4all; 4: Kurit afshen;6/7: Dmitry Kalinovsky; 8 l.: stockakia; 8 r.o.: Davide Caton; 8 r.u.: Bill Perry; 9 m.: Monaris; 10: Rich Carey; 11: shaftinaction; 11 o.: MF Photo; 12 l. m.: Ken Griffiths; 12 m.u.: Eric Isselee; 12 m.r.:Vickey Chauhan; 13 m.r.:kite studio; 13 m.r.:Ken Griffiths; 13 r.u.:Kristian Bell; 14 l.:Ton Bangkeaw; 14/15: nitat; 16/17:Quick Shot; 16 o.l.:Sibons photography; 16 r.u.: ???; 17 l.m. + r.o.:tDirk Ercken; 17 r.m.:Norjipin Saidi; 17 r.u.:Ondrej Prosicky; 18 o.:Susan Schmitz; 19 l.o.:K Hanley CHDPhoto; 20: RealityImages; 21: PACO COMO; 22 l.o.: mr.kie; 22 l.u.:CarGe;22 r.o.: Andre Coetzer; 22 r.u.:guentermanaus; 23 l.o.:GOLFX; 23 u.: Business stock; 25 o.: Stuart G Porter; 25 u.: David Herraez Calzada; 26 o.: Willem Van Zyl; 27 o.: Stuart G Porter; 27 u.: Four Oaks; 28 l.: Erika Kirkpatrick; 28 r.o.: jaiman taip; 28 r.u.: Lakeview Imag; 29 o.: Ton Bangkeaw; 29 u.: Steffen Foerster; 30 o.: Stefan Scharf; 30 l.u.: OrodO; 30 r.u.: Frode Jacobsen; 31 l.o.: Matt ; eppson; 31 r.o.: Creeping Things; 31 u.: Kristian Bell; 32 l.u.: Wanchat M; 32 r.o.: Opayaza12; 34:Muhammad andan; 34 r.o.: Ferdy Timmerman; 35 l.: Yan Hidayat; 35 r.o.: Dmitri Gomon; 35 r.u.: Dario Sabljak; 36/37: MyImages - Micha; 38 o. + u.: Steve Shoup; 39 l.o.: NOPPHARAT STUDIO 96; 39 l.+r.u.: Mark_Kostich; 39 r.o.: NickEvansKZN; 41 l.u.: Sibons photograph; 42 r.o.: PavlovaSvetlana; 42 u.: Ivanov Gleb; 43 l.m.: JRJfin; 44/45: Heiko Kiera; 44 l.u.: Patrick K. Campbell; 45 o.: Natalia Kuzmina; U 4 : Joe McDonald
Über Wikipedia Weblinks: 9 l.o.: Khalzuri Yazid; 18 u.: Stefan 3345; 32/33: Rushen; 34 r.m.: Fred the Oyster; 37 o.: Bernard DUPONT; 37 o.r.: Tad Arensmeier; 40 : Davidvraju; 41: ???;

Druck und Bindung: OPTIMAL : MEDIA, Röbel
Printed in Germany

ISBN 978-3-930038-79-4

FSC
www.fsc.org
MIX
Papier | Fördert gute Waldnutzung
FSC® C108521

Heiderose und Andreas Fischer-Nagel

Gefährliche Giftschlangen

Verlag Heiderose Fischer-Nagel

Der Tanz mit dem Tod

Vor dem Basar einer indischen Stadt drängen sich die Touristen um einen Schlangenbeschwörer.
Atemlos verfolgen sie die Bewegungen der gefährlichen **Kobra**, die starr ihren Blick auf die rhythmischen Bewegungen ihres Besitzers gerichtet hat. Sie scheint sich im Gleichklang zu den sanften Klängen seiner Flöte zu bewegen.
Ob sie zu den orientalischen Melodien tanzt?
Nein! Die sich hin und her wiegende Schlange kann gar nicht hören! Sie verfolgt die Bewegungen ihres Besitzers.
Wird die giftige Schlange plötzlich zustoßen und beißen, wenn die Musik verstummt? Der unmittelbar vor ihr sitzende Mann wäre dem Tod geweiht.

Tausendfach können Basarbesucher in Indien und Nordafrika das Spiel mit der Gefahr beobachten. Der Schlangenbeschwörer öffnet zunächst den Deckel seines runden Bastkorbes und beginnt Flöte zu spielen. Nach kurzer Zeit erhebt sich die Kobra aus dem Korb, immer höher und höher. Sie fixiert ihn mit ihrem starren Blick.

Der Grund: Die Kobra hat Angst!
Sie möchte sich verteidigen und sie wird zustoßen, wenn sie sich zu sehr bedrängt fühlt.
Nicht alle dafür verwendeten Schlangen können ihren Besitzer töten, da ihnen ihre Giftzähne entfernt wurden.

Magische Schlangen

»Magische« Schlangen gab und gibt es auf der ganzen Welt!

Schon in der Bibel verführt die Schlange Adam und Eva zum Essen des verbotenen Apfels, sodass sie aus dem Paradies vertrieben werden.

In den griechischen Sagen wird von der unheimlichen »Medusa« erzählt, die statt Haaren sich windende Schlangen auf dem Kopf trug und jeden, der sie erblickte, zu Stein erstarren ließ.

Bei den Indios ist die Schlange ein Totemtier. »Schlangengleich« zu sein bedeutet für sie wandelbar zu sein und vor allem, eine Niederlage in einen Sieg zu verwandeln. Die Schlange steht für Energie und gilt als das älteste Symbol für Schöpfung und Sexualität. Sie ist Dämon, Hüterin an der Schwelle zum Totenreich und Heilerin.

Erzählt wird von der Midgardschlange Jörmungandr der alten Germanen, die sogar den Göttervater Thor nach erbittertem Kampf mit ihrem Biss tötete.

Auch wird von der ägyptischen Pharaonin Kleopatra berichtet, die mit Hilfe von Giftschlangen Selbstmord begangen haben soll.

Die Hopi-Indianer in Amerika feiern sogar ein Klapperschlangen-Fest. Bei ihrem Tanz für eine gute Ernte und genügend Regen halten sie junge Klapperschlangen mit den Lippen fest.

Im buddhistischen Tempel in Penang in Malaysia genießen noch heute die hochgiftigen Wagler‘s Bambusottern – eine Art aus der Familie der **Lanzenottern** – eine besondere Zuwendung. Sie erinnern mit ihrem Dasein an einen Priester, der sich schon vor dem Jahr 1850 um ihr Wohlergehen kümmerte. Ihm zu Ehren wurde der Tempel gebaut. In ihm leben zahlreiche dieser Schlangen,die angeblich noch nie jemanden gebissen haben sollen.

Schlangen symbolisieren das Gute und das Böse zugleich. In der Heilkunst, bei Ärzten und Apothekern, steht eine Schlange für das Gute.
In der griechischen und römischen Mythologie umwindet sie den Stab des Heilgottes Asklepios, der bei uns auch unter dem Namen »Äskulapstab« bekannt ist.

Und nicht zuletzt hören wir durch den berühmten Zauberschüler Harry Potter, der die Sprache der magischen Schlangen versteht, Unheimliches und Gruseliges über diese geheimnisvollen Reptilien.

Schlangen sind Kriechtiere

Zu den Kriechtieren gehören Schildkröten, Krokodile und Echsen, Tiere die über den Boden kriechen, die ihre Körpertemperatur regulieren können und eine mit Schuppen bedeckte Haut haben.
Doch nur die Schlangen besitzen weder Arme noch Beine! Statt zu kriechen, schlängeln sie über den Boden oder hoch hinauf in die Wipfel der Bäume, je nachdem um welche Schlangenart es sich handelt.

Seeschlangen gehören mit einigen Arten zu den giftigsten, aber nicht für Menschen gefährlichsten Schlangen, da sie hauptsächlich nachts aktiv sind. Da sie aber in manchen Ländern auch sehr gerne gegessen oder zur Ledergewinnung gefangen werden, sind Fischer die am häufigsten von ihnen gebissenen und auch getöteten Menschen.

Insgesamt gibt es über 3 600 Schlangenarten in 12 Familien – z.B. Riesenschlangen, Nattern, Giftnattern, zu denen auch die Seeschlangen zählen, und Vipern. Über 700 Arten davon sind giftig. Aber: »Giftig sein« bedeutet nicht, dass der Biss der Schlange tödlich für uns ist

Nicht zu warm und nicht zu kalt

Wir sind »Warmblüter«. Unser Körper hat eine gleichbleibende Temperatur, es sei denn, du hast Fieber. Bei 36 bis 37°C ist alles in Ordnung, aber bei über 37°C Körpertemperatur fühlen wir uns krank.

Schlangen dagegen sind wechselwarm. I hre Körpertemperatur hängt von der Temperatur ihrer Umgebung ab. Sie mögen am liebsten Temperaturen von 25 bis 30°C und darüber. Nach einer kühlen Nacht schlängeln sie am frühen Morgen zu warmen Steinen, um ihren Körper auf »Betriebstemperatur« zu bringen. Sie heizen sich gerne in der Sonne auf. Je wärmer, desto aktiver werden sie. Ist es Schlangen ausnahmsweise mal zu heiß, verkriechen sie sich in Erdlöchern, kühlen sich im Schatten oder im Wasser ab. Deshalb findest du die meisten Schlangen auch eher in wärmeren Regionen.

Weil sie keine Energie zum Erhalt einer bestimmten Körpertemperatur aufwenden, sind Schlangen seltener hungrig als wir. Sie können mindestens einen Monat lang ohne Nahrung auskommen, manche sogar bis zu einem Jahr.

Die auch bei uns heimische Kreuzotter ist von allen Vipern die weltweit am weitesten verbreitete Giftschlangenart. Auf dem Bild oben »tankt« sie am Morgen gerade neue Sonnenenergie, im Wasser findet sie bei Bedarf Abkühlung.

Sollte jemand von einer Kreuzotter gebissen werden, muss er nicht um sein Leben fürchten, wenn er nicht herzkrank oder ein Kind ist. Auf jeden Fall muss er aber schnellstmöglich einen Arzt oder ein Krankenhaus aufsuchen.

Giftschlangen sind gefährlich – nicht böse!

Giftschlangen haben ihre Giftzähne zum Betäuben und Töten ihrer Nahrungstiere – zu diesen gehören wir Menschen nicht! Außerdem haben sie die Zähne zu ihrer Verteidigung, wenn sie sich bedroht fühlen. Sie lauern Menschen nicht auf, um sie zu beißen und sie kriechen auch nicht in ihre Betten um sie mit ihrem Biss zu töten.

Inlandtaipan (Australien)

Taipan (Australien)

Vielgebänderter Krait (Asien - China)

Diamant-Klapperschlange (Nordamerika - Florida)

Sandrasselotter (Asien, Afrika)

Wenn trotzdem so viele Menschen von Schlangen gebissen und zum Teil auch getötet werden, haben sich die Schlangen bedroht gefühlt oder sind in der Nacht wärmesuchend im Lager eines Menschen von diesem versehentlich im Schlaf bedrängt worden.

Wir zeigen dir auf dieser Seite einige der giftigsten, doch nicht unbedingt gefährlichsten Giftschlangen. Mehr über ihr spannendes Leben erfährst du noch.

Gewöhnliche Braunschlange (Australien)

Königskobra (Asien)

Schwarze Mamba (Afrika)

Sandrasselotter (Asien, Afrika)

5 Millionen Schlangenbisse – 100 000 Tote

Weltweit eine tatsächliche Zahl von jährlich vorkommenden Schlangenbissen zu ermitteln, ist unmöglich, man kann sie nur schätzen. Von den fünf Millionen Bissen rühren jedoch nur etwa 420 000 von menschengefährdenden Giftschlangen her. Bis zu 100 000 Menschen sterben jährlich an Schlangenbissen.

Meist sind es Kinder, Bauern oder Waldarbeiter, die in Ländern Asiens und Afrikas gebissen werden.

Liegen die Felder und Dörfer weit weg von jedem Krankenhaus oder Arzt, ist der Gebissene meist verloren.

Gerade dort, wo viel barfuß gelaufen und auf den Feldern gearbeitet wird, kommt es häufig zu tödlichen Bissen der **Königskobra** *(großes Bild)*.

Doch nicht immer ist der Biss tödlich.

Es dauert einen Moment, bis nach dem Biss das Gift in die Wunde fließt, besonders dann, wenn die Schlange nicht zubeißt, um zu fressen, sondern zunächst nur abwehrt. Trotzdem muss man schnell reagieren, wenn man gebissen wurde. Unerlässlich ist dabei zu wissen, welche Schlange es war, vor allem, zu welcher Familie sie gehört.

Krankenhäuser und Ärzte halten in Gebieten, in denen giftige Schlangen leben, entsprechende Gegengifte bereit, denn für jedes Gift muss es ein eigenes Gegengift geben, das schnellstmöglich gespritzt wird.

Die größte Chance zu überleben, besteht in der sofortigen Behandlung.

Wo Schlangen leben

Schlangen besiedeln fast alle Lebensräume, ausgenommen Irland, Neuseeland und die viel zu kalten Polregionen. Sie leben in Wüsten, im Regenwald, auf Bäumen, in Höhlen, in der Erde und im Wasser, die meisten von ihnen in den Tropen.
Die giftigsten Schlangen gibt es in Australien.

Die fantastischen Regenwälder, die viel Sauerstoff für uns Menschen weltweit liefern, sind leider stark bedroht. Seit Jahren werden weite Teile des Regenwaldes abgeholzt, um das Holz zu nutzen oder um Weideflächen für tausende Rinder zu schaffen. Mit dem Abholzen zerstört man die Lebensräume vieler Tiere, auch die der Giftschlangen. Sie finden nicht mehr genügend Verstecke und zu wenig Nahrung, werden auf Straßen überfahren oder wegen ihrer Haut gejagt. Anders als andere Tiere, wie z.B. Krokodile, werden Schlangen nicht zu Tausenden gezüchtet, ihre Haut wird aber trotzdem gerne vermarktet.
Etliche Schlangenarten sind inzwischen vom Aussterben bedroht.
Wusstest du, dass fast die Hälfte des Regenwaldes im Laufe der letzten 200 Jahre abgeholzt wurde?

Mit der Ausrottung zahlreicher Tierarten weltweit verarmt die Vielfalt unserer Erde. Halten wir diese Zerstörung nicht auf, vernichten wir mit der Zeit auch unsere eigene Lebensgrundlage.

Rank und schlank

Schlangen erkennt jeder. Sie haben weder Arme noch Beine. Ihr Körper ist langgestreckt, rund, manchmal abgeplattet mit flachem Bauch, manche sind dünner als andere, manche leicht und andere schwer – je nachdem, wo und wie sie leben.

Die Baumschlangen zum Beispiel, sind so leicht, dass sie über dünne Äste gleiten. Sie versteifen ihren Körper um Zwischenräume selbst zu überbrücken. Während die dickeren, schweren Schlangen lieber am Boden leben und ihrer Beute eher auflauern, als sie zu verfolgen.

In ihrem langen Körper liegen geschützt unter den Skelettknochen die Organe, das Herz, die Lungen, ein sehr großer, dehnbarer Magen, die Leber und der Dünndarm. Besonders spannend ist die Lunge: nur der rechte Lungenflügel wird zum Atmen verwendet, der linke hat keine Funktion.
Das Skelett der Schlange hat die meisten Wirbelknochen im Tierreich, etwa 435!, was sie deshalb auch so extrem biegsam macht. Sie besitzt zwischen 100 und 430 paarige Rippen, während wir gerade einmal zwölf Rippenpaare haben. Außerdem sehen alle Wirbel, bis auf die rippenlosen im Schwanz und am Hals, mit ihren jeweils dazugehö-

Skelett der Gabunviper

*Alle anderen Bilder auf dieser Doppelseite zeigen ebenfalls die **Gabunviper.***

*Die Tarnung der **Gabunviper** ist perfekt! Erst auf den zweiten Blick erkennst du Augen im dürren Laub. Schließlich siehst du, dass nur die Schlange auf dem Bild ist!*

rigem Rippenpaar gleich aus. Wirbel, Rippen und Schädel sind ihre einzigen Knochen. Die Kopfform ist unterschiedlich, bei vielen Giftschlangen häufig dreieckig. Zum Ende hin wird die Schlange schlanker, genau an der Stelle, wo an der Körperseite die »Kloake« sitzt. Das ist sowohl das Ausscheidungsorgan als auch die Geschlechtsöffnung, durch die die Eier gelegt oder die Jungen geboren werden.

Die im zentralen Afrika häufig vorkommende Gabunviper ist mit 1,50 bis 2 m zwar nicht die längste, aber trotzdem die schwerse Giftschlange der Welt. Große Männchen erreichen ein Körpergewicht von bis zu 10 kg.

Wie gefährlich bist du?

Eigentlich sind fast alle Schlangen giftig, denn ihr Speichel ist auf Grund seiner chemischen Zusammensetzung »giftig«. Für uns ist das eher ungefährlich, denn bei einem Biss gelangt der Speichel wegen der glatten Zähne der meisten Schlangen nicht in eine mögliche Wunde. Wir bekommen einen Schreck, aber selbst wenn der Biss harmlos ist, sollten wir dennoch zum Arzt gehen.

Echte Giftschlangen dagegen haben spezielle, lange Zähne im Oberkiefer, die wie eine Injektionsnadel innen hohl sind. Durch sie fließt das starke Speichelgift aus den seitlich am Hinterkopf befindlichen Giftdrüsen sofort in die Wunde. Oft haben Giftschlangen wegen dieser Drüsen einen breiteren und dreieckigen Kopf. Das Gift dient nicht nur der Verteidigung oder Tötung, sondern unterstützt außerdem die Verdauung der Beutetiere.
Ob eine Schlange »nur« gefährlich oder tödlich ist, entscheidet nicht allein die Stärke ihres Giftes, sondern viel mehr die in die Wunde injizierte Giftmenge sowie die Beißfreudigkeit der Schlange.
Obwohl sie nicht das stärkste Gift hat, gilt als gefährlichste Schlange der Welt die **Sandrasselotter**, denn ihr Gift hat eine geradezu »heimtückische Zusammensetzung und sie ist extrem beißfreudig! Von 100 von ihr gebissene Menschen sterben 98!

Schlangengift besteht aus verschiedenen Eiweißen (Fachbegriff = Polypeptide), die giftige und Gewebe zerstörende Eigenschaften besitzen. Je nachdem, welche Körperorgane sie bei ihrer Beute schädigen, unterscheidet man die Gifte. Nur für die Spezialisten unter euch:

Das Gift wirkt	***Es schädigt***
zytotoxisch	Zellen und Gewebe
hämotoxisch	Blutbildung und Blutgerinnung
myxotoxisch	Muskelgewebe
cardiotoxisch	Herz/ Herzmuskel
neurotoxisch	Nervensystem
hämorhagisch	Blutzellen und Gewebe

*Der **Gelbgebänderte Krait** ist eine auffällig und schön gefärbte Schlange, die in Indien und den benachbarten Ländern vorkommt. Dort lebt sie meist in verborgenen, dunklen und feuchten Höhlungen und kommt erst im Dunkeln hervor.*

*Sie gehört zu den **Echten Giftnattern** und ist gleichzeitig eine der giftigsten Schlangen, an deren Gift in ihrem Verbreitungsgebiet 40 von 100 von Schlangen gebissene Menschen sterben. Ein einziger Biss von ihr spritzt so viel Gift in die Wunde, dass davon bis zu 20 große Männer an Atemstillstand sterben könnten.*
Selbst ein bekannter und erfahrener Schlangenforscher ist vor Jahren am Biss eines Kraits gestorben.

Aufgepasst!

Natürlich laufen wir nicht sorglos und vor allem unachtsam durch die Gegend, wenn wir Erdteile besuchen, in denen häufiger Giftschlangen vorkommen als bei uns. Niemals ist es ausgeschlossen, dass du bei Touren durch das Land giftigen Tieren begegnen könntest, und deshalb gibt es Einiges zu beachten:

Vor Schlangen schützt dich die richtige Kleidung und vor allem das richtige Verhalten!

Trage feste, hohe Schuhe
und lange Hosen!
Fasse nicht in Löcher
oder Felsspalten!
Laufe nicht durch hohes Gras
und Buschland!
Tritt fest auf beim Laufen, damit
dich die Schlange bemerkt!
Reize niemals Schlangen!
Fange oder fasse sie niemals an!
Bissstelle unter fließendem Wasser
ausspülen – niemals aussaugen!
Wunde ausbluten lassen, ohne die
Wunde zu erweitern!
Oberhalb der Wunde stauen,
aber nie komplett abbinden!
So schnell wie möglich zum Arzt!

Schlangen melken

Um von Giftschlangen gebissene Menschen retten zu können, benötigen Ärzte Gegengifte, so genannte Seren. Deshalb leben in Schlangenfarmen hochgiftige Schlangen, die alle 21 Tage gemolken werden.

Geschickt packt der Schlangenbetreuer die Schlange mit dem Schlangenhaken und packt sie blitzschnell hinter dem Kopf, sodass sie nicht zubeißen kann.

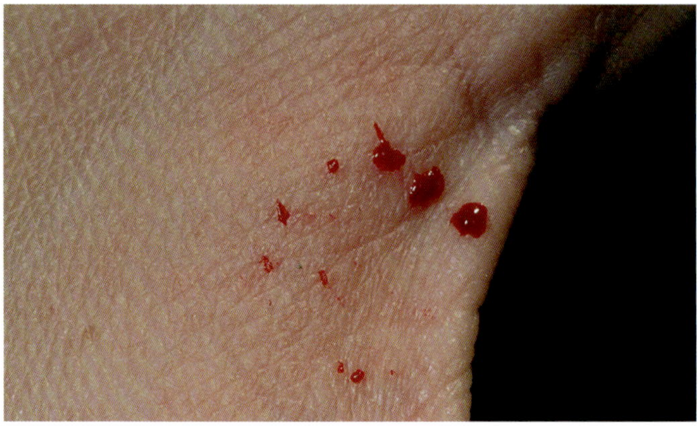

Er muss wirklich schnell sein, denn eine Schlange beißt innerhalb einer Viertelsekunde zu. Er hält sie an ein Glas, das mit einer Folie überspannt ist. Die wütende Schlange beißt zu, ihre zwei bis drei Millimeter langen Giftzähne bohren sich durch die Folie und das Gift rinnt an der Glaswand herunter. Schlangen geben immer nur einen Teil ihres Giftes ab. Sie können also mehrfach zubeißen.
Nach dem Melken ist die Giftdrüse der Schlange nach 10 Tagen wieder gefüllt.
Nur aus dem Gift der »Täterfamilie« kann ein Gegengift für das »Opfer« gewonnen werden.

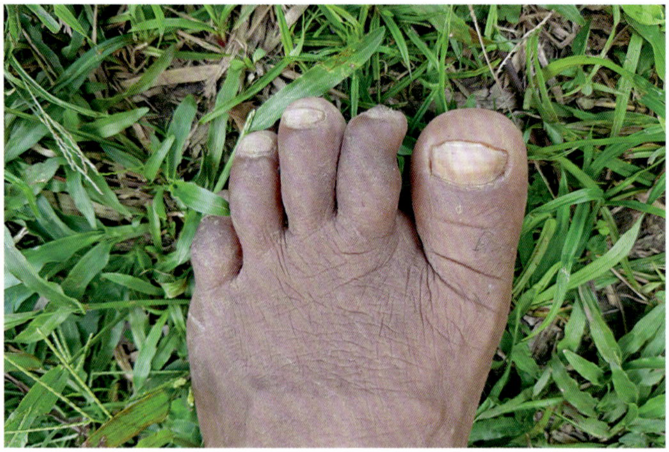

Dazu bekommen meist Pferde eine zunächst geringe Menge Schlangengift gespritzt. Dagegen entwickeln sie Antikörper, die das Gift im Körper bekämpfen.
Die Giftmenge wird gesteigert und das Pferd erzeugt mehr Antikörper im Blut. Wenn dann aus dem vom Pferd abgenommenen Blut im Labor die Antikörper entnommen werden, können daraus Seren gemacht werden, die Menschen retten.

Trotzdem darfst du dich nicht täuschen lassen. Das Gift einiger Schlangen führt ohne Behandlung in wenigen Minuten zum Tod. Sollte man noch rechtzeitig das Gegengift bekommen, bedeutet das auch nicht, dass man gerettet ist. Es besteht oft mehrere Tage Lebensgefahr.

Schlangengift wird außerdem zur Herstellung von Medikamenten genutzt, die zur Behandlung von Epilepsie, Wundheilungsstörungen, Asthma, Gelenkerkrankungen und anderen eingesetzt werden.

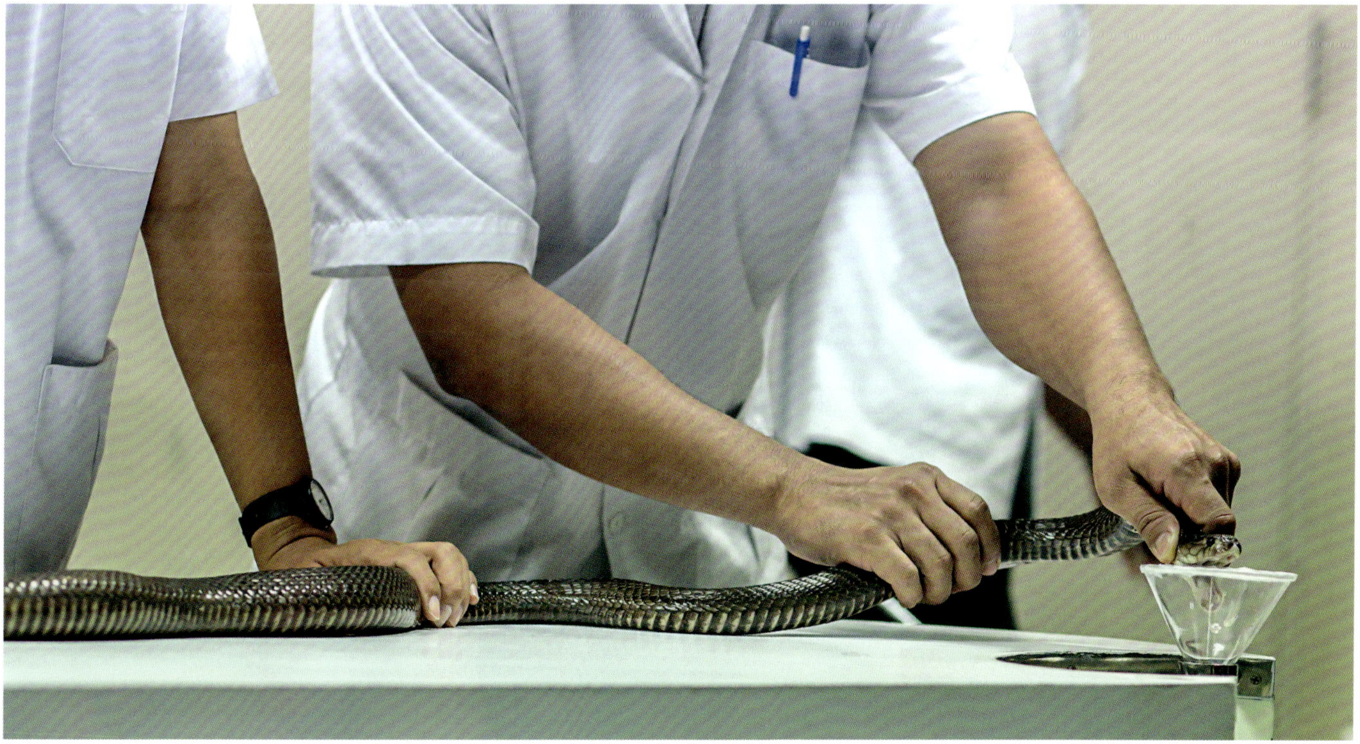

Ganz schön große Klappe!

Das Besondere am Körperbau der Schlangen ist ihr beweglicher Kiefer.
Schlangen verschlingen ihre Beute im Ganzen, wenn sie sie erwürgt oder gebissen haben. Sie besitzen ihre Zähne nicht zum Zerreißen oder Kauen der Nahrung, sondern nur zum Packen, Halten und Töten der Beute. Ihre dehnbare Haut und elastische Bänder an den Kiefergelenken ermöglichen ihnen, das Maul so weit aufzusperren, dass sie ein scheinbar viel zu großes Beutetier packen und schrittweise verschlingen können. Die Zähne sind deshalb nach hinten gerichtet und bilden beim Schlucken kein Hindernis. Die Beute wird fast immer vom Kopf her verschluckt, so bleiben Körperanhänge, wie Beine, Haare oder Flossen in einer Richtung und stören beim Schlucken nicht. Einmal durch das Maul gerutscht, kannst du beobachten, wie die Beute weiter durch den Körper wandert und dabei verdaut wird.

*Die **Schwarzgrüne Buschviper** kommt im zentralen und westlichen Afrika vor, wo sie sich von Bäumen und Büschen hängen lässt, um auf dem Boden vorbeikommende Mäuse und andere Kleintiere zu fangen. Ältere Tiere packen auch kleine Vögel in den Bäumen.*

Um die scheinbar viel zu große Maus verschlingen zu können, hat die **Puffotter** elastische Bänder an den Gelenken des Kiefers, sodass sie ihr Maul weit öffnen kann.

Ob die Schlange jetzt müde ist? Sie gähnt immerzu!
Nein, durch dieses »Gähnen« bringt sie nur ihre Kiefergelenke wieder in die richtige Position.
Die hohlen Giftzähne sind im Ruhezustand nach hinten geklappt und werden erst dann vorgestellt, wenn sie gebraucht werden – zum Töten der Beute oder zur Verteidigung. Sie sind lang, spitz und mit einem feinen Giftkanal durchzogen, der sich kurz vor der Spitze des Zahnes öffnet. Der Kanal ist mit der Giftdrüse verbunden.

*Das Skelett der **Kobra** zeigt sehr gut, wie weit eine Schlange das Maul öffnen kann, um große Beutetiere zu verschlingen.*
Die Giftzähne siehst du ganz oben.

Trügerischer Name

Bei einigen Giftschlangen, den **Trugnattern**, sitzen die Giftzähne sehr weit hinten im Kiefer. Um zu töten, müssen sie deshalb ihr Maul weit aufsperren, damit die Giftzähne die Beutetiere erreichen.

Die zu den **Trugnattern** *zählende Boomslang, sieht von vorne betrachtet so aus, wie wir uns einen »Alien« – einen »Außerirdischen« vorstellen. Durch ihre großen, auch nach vorn gerichteten Augen mit den runden Pupillen, sieht die bis zu 2 Meter lange Schlange etwas »freundlicher« als andere aus. Trotzdem kann ihr Biss für Menschen lebensgefährlich wirken, wenn nicht das Gegengift schnell zur Stelle ist.*
Sie ist vorwiegend tagaktiv und hält sich meist in Büschen und Bäumen auf, von wo aus sie auch Jagd auf Echsen, Chamäleons und Vögel macht. Auf dem Bild oben siehst du, wie sie ihren »Hals« aufbläht und etwaige Feinde warnt, wenn sie sich bedroht fühlt.

Schlangen brauchen keine Sorgen zu haben, dass sie sich an einer Beute die Zähne ausbeißen! Sobald Zähne verloren gehen, rücken Ersatzzähne nach. Die abgenutzten Zähne werden mitsamt der Beute verschluckt und als unverdauliche Reste irgendwann ausgeschieden. Die Giftzähne werden regelmäßig gewechselt. Nach vier bis sechs Wochen ersetzen »Nachrücker« die stumpfen Zähne. Dennoch – selbst mit einem abgenutzten Zahn könntest du noch problemlos ein Blatt Papier zerschneiden.

Die in Afrika bis weit in den Süden vorkommende **Boomslang** *kann sehr unterschiedlich gefärbt sein. So gibt es dunkelbraune, hellbraune, graue und grüne Exemplare. Die Männchen sind oft etwas farbenfroher gezeichnet als die Weibchen. Sie leben in allen Bereichen, in denen es auch Vegetation (Pflanzenwuchs) gibt.*

Das Schuppenhemd

Die Schlangenhaut besteht aus zahlreichen Schuppen aus Horn, die unterschiedlich in Farbe, Form und Größe sind. Auf dem Rücken bilden die einzelnen, manchmal dachziegelartig angeordneten Reihen ein schönes Netzmuster, während sich an der Bauchseite schmale Platten aneinander reihen.

Bei dieser Kalifornischen Klapperschlange siehst du gut, dass die Hautschuppen nicht nur ein »Hautmuster« wie ein Tatoo sind, sondern dass sich bei Bewegung des Körpers jede einzelne von der darunterliegenden Haut abspreizt.

Viele Schlangen können in den unterschiedlichsten Farben schillern. Manche ganz schlicht, andere bunt, wie die Bambus-Pitviper giftgrün *(oben rechts)* **oder mit auffälligen Mustern, wie die hochgiftige**

Sandrasselotter *(unten)* **oder bunt gemustert, wie die Nashornviper** *(S. 29 unten)*. **Zunächst denken wir, die Tiere müssten glitschig sein, sich feucht anfühlen. Das Gegenteil ist der Fall, die Haut vieler Schlangen ist glatt und vor allem trocken. Einige Ausnahmen fühlen sich rau an. Die schuppige Haut schützt die Schlange vor Austrocknung, vor Insekten oder Bissen anderer Tiere.**

Schlangen wachsen ihr Leben lang. Deshalb wird ihnen natürlich ihre Haut regelmäßig zu eng und nutzt sich beim Kriechen ab. Deshalb häuten sie sich.

Wenn die Schlange »aus der Haut fährt«, tut sie das von Kopf bis Schwanz, einschließlich ihrer Augen, die deshalb kurz zuvor ganz trüb aussehen.

Sobald es so weit ist, verkriecht sich die Schlange. Die oberste Hautschicht sondert eine milchige Körperflüssigkeit ab, die nach ein paar Tagen wieder vom Körper aufgenommen wird. Dann kriecht die Schlange mit ihrer »Nasenspitze« an scharfen Pflanzen oder Steinen entlang. Ein kleiner Ritz genügt und schon windet sie sich geschickt aus ihrer alten, geöffneten Haut, dem so genannten »Natternhemd«, heraus. Durchsichtig, etwas milchig, leicht gemustert bleibt die Schlangenhaut zurück, während die Schlange mit frischer, glänzender Haut nun schnell das Weite sucht.

Junge Schlangen sind manchmal nicht leicht zu bestimmen. Sie sind anders gefärbt als ihre Eltern. Erst nach mehreren Häutungen sehen sie artentsprechend aus.

Der Hintergrund dieser Doppelseite zeigt eine abgelegte Schlangenhaut.

Tarnen–Täuschen–Warnen

Viele Schlangen sind mit ihrer Hautfärbung und Zeichnung perfekt an die Umgebung angepasst, zum Beispiel an den Boden, an braune Erde, graue Steine, sehen wie verwelktes Laub aus oder verschmelzen mit dem Gelb des Sandes wie diese **Zwergpuffotter** in der Wüste. Sie sind bestens getarnt; ebenso wie die, die in den Bäumen leben und nicht vom Blattwerk oder den dünnen und dicken Ästen zu unterscheiden sind, wie auf dem Bild unten eine grüne **Boomslang**.

Zu all diesen Schlangen gehören **Buschvipern, Klapperschlangen, Sandvipern**. Die Art, wie sie sich tarnen, nennen wir Zoologen »Mimese«.

Manche giftigen Schlangen warnen ihre Feinde sogar. Die Klapperschlange rasselt mit ihrem Schwanzende, auf dem sich aus alten Überbleibseln ihrer Häutungen eine Rassel gebildet hat. Diese Schuppen reiben gegeneinander. Sie signalisiert damit: „ACHTUNG ! Nicht näher, sonst bist du des Todes!“

Andere zischen, richten oder blasen sich auf. Manche präsentieren ihren grell gefärbten Bauch, eine auffällige Schwanzspitze oder sondern einen stinkenden, ekligen Geruch ab.

Wieder andere Giftschlangen sind auffällig bunt gefärbt, sozusagen in Warnfarben und signalisieren damit ihre Giftigkeit, so wie wir bei einer Autopanne eine orange oder gelbe Warnweste anziehen! So zum Beispiel die sehr giftige **Korallenschlange** auf dem Bild oben links. Viele Raubtiere, die Schlangen fressen, erkennen dann die Gefahr.

Im Laufe der Entwicklung haben auch manche harmlose Schlangenarten ähnliche Färbungen wie die giftigen Verwandten angenommen, *wie auf dem Bild oben rechts* die harmlose **Königsnatter,** und täuschen damit selbst Giftigkeit vor, so wie wir das aus dem Reich der Insekten schon kennen. Eine solche Täuschungsfärbung bezeichnen wir als »Mimikry«.

Die bei uns vorkommende harmlose Ringelnatter stellt sich bei Gefahr tot. Sie streckt ihre Zunge heraus und bleibt bewegungslos liegen.

Ob Warnung, Täuschung oder Tarnung – die scheuen Schlangen versuchen damit ihr Leben zu schützen.

*Die **Tigerotter** spreizt ihren Hals, bläht sich auf und zeigt ihre gelbe Unterseite.*

Fantastische Sinne

Was machen Schlangen am liebsten? Fressen – trinken – dösen!

Im Terrarium siehst du meist wenig Aktivität bei den Schlangen. Sie liegen faul herum, wahrscheinlich sind sie gerade mit der Verdauung beschäftigt oder schlafen.
Die Augen einer Schlange sind nach vorne gerichtet und da sie keine Augenlider besitzt, sieht es so aus, als ob sie uns anstarren würde.
Die Pupillen vieler Schlangenarten sind meist zu Schlitzen verengt und stehen senkrecht, selten waagerecht Bei den Arten, die nachts ihre Beutetiere ausfindig machen, erweitern sich die Pupillen, so wie wir das von unseren Katzen kennen. Es sind Augenjäger.

Buschotter

Insel-Lanzenotter

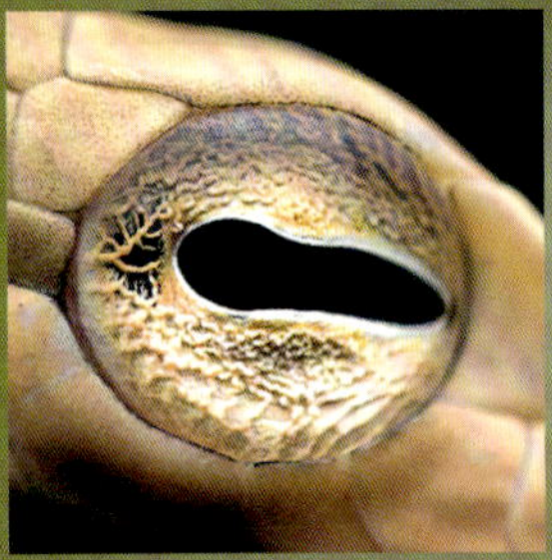

Baumschnüffler

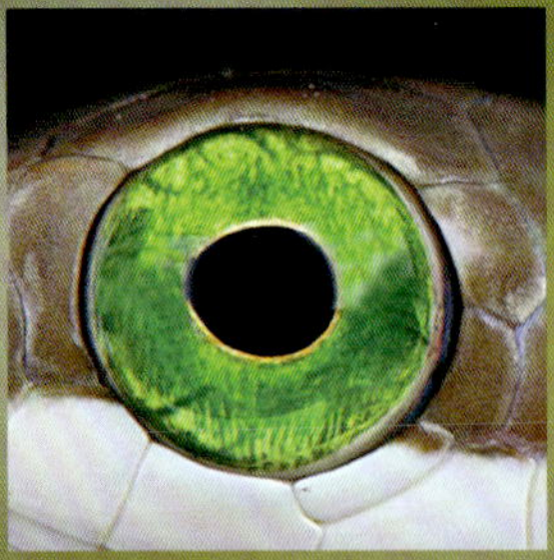

Boomslang

Schlangen mit großen, runden Pupillen, wie z.B. die Mambas, die Boomslang, die Kobra und viele andere sind tagaktive Jäger, sie sehen hervorragend und verfolgen ihre Beute mit den Augen. Schwierigkeiten haben sie, wenn sich diese nicht bewegt.

Schlangen haben keine Ohren. Sie können keine Töne, also auch keine Musik wahrnehmen und bemerken eher die Schwingungen, die Vibrationen, die ausgelöst werden, wenn sich ein anderes Lebewesen bewegt. Die Vibrationen werden vom Unterkiefer aufgenommen und übertragen sich dann auf ihren gesamten Körper. Das ist eine andere Art des Hörens. Es ist deshalb auch eher selten, dass man versehentlich auf eine Schlange tritt. Sie hat die Erschütterungen durch unsere Schritte längst bemerkt – lange bevor wir sie sehen – und hat das Weite gesucht.

Mit der Zunge riechen

Bestimmt hast du schon beobachtet, wie Schlangen züngeln. Obwohl sie Nasenlöcher haben, riechen sie mit der auffällig gespaltenen Zunge. Zusätzlich besitzen sie nämlich etwas Besonderes: das Jacobson'sche Organ, mit dem sie feinste Geruchsteilchen aus der Luft erschnuppern. Es sitzt im Gaumen ihres Mauls. Die gespaltene Zunge fängt dabei die Teilchen aus der Luft ein und führt sie dann über das Jacobson'sche Organ. Diese Information gelangt ins Gehirn und im Nu weiß die Schlange, was oder wer sich da in ihrer Nähe aufhält. Vielleicht gerade eine leckere Maus?

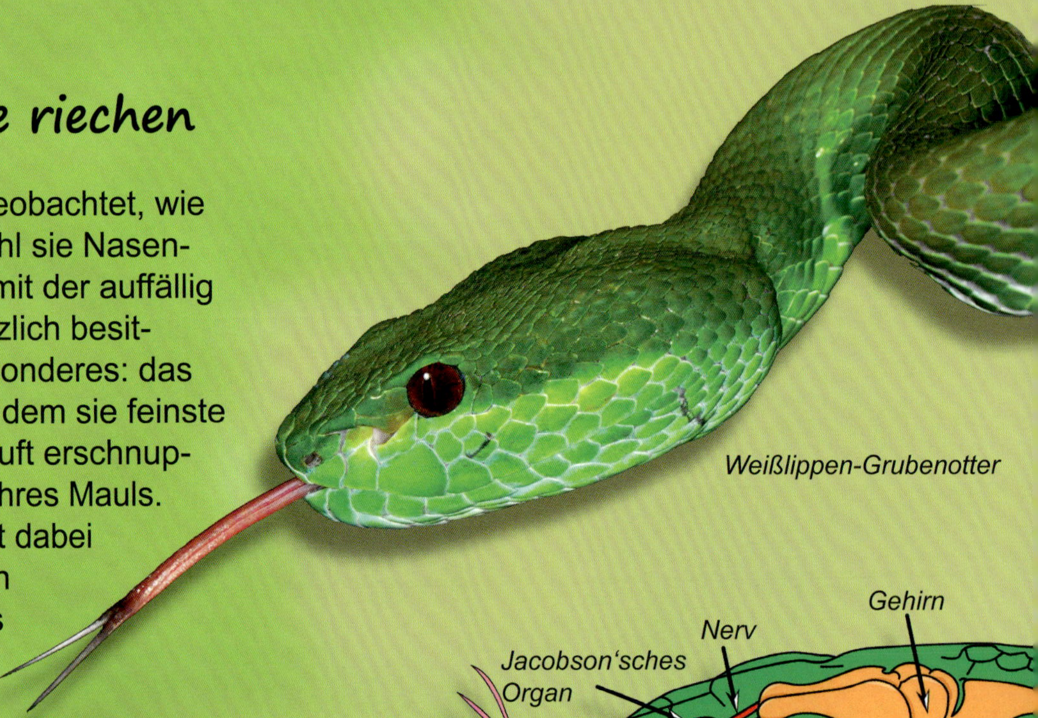

Weißlippen-Grubenotter

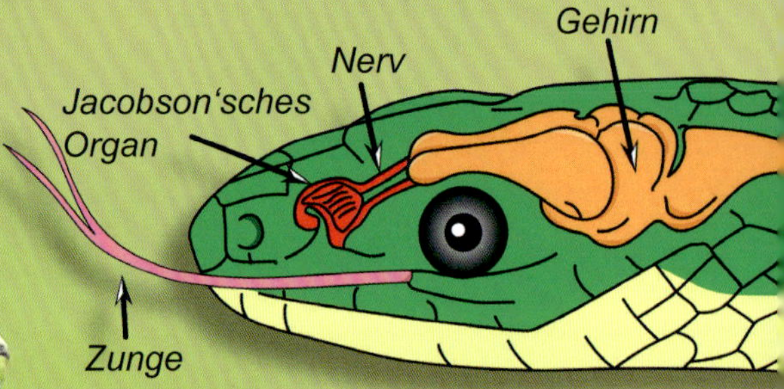

Der sechste Sinn

Zusätzlich haben einige Schlangen, die **Grubenottern**, einen ganz besonderen Sinn, den Wärmesinn, und dazu das Temperatur-Sinnesorgan.
Auf dem Maul der **Grubenottern** befinden sich zwischen Auge und Nasenloch kleine Gruben, die von einer dünnen Haut bedeckt werden. Es sind Organe, die die Körperwärme der Beutetiere wahrnehmen und sie damit für die Schlange gewissermaßen »sichtbar« machen.

*Eine der gefährlichsten Giftschlangen, der **Cascaval** oder **Südliche Klapperschlange,** lebt in Mexiko und weiten Teilen Südamerikas. Auch sie zählt zur Gruppe der Grubenottern. Ihre besondere Gefährlichkeit ist nicht nur auf ihre Unberechenbarkeit, sondern auch darauf zurückzuführen, dass ihr Gift sowohl das Nervengift einer Kobra als auch das blut- und zellenzersetzende Gift der Puffotter enthält.*

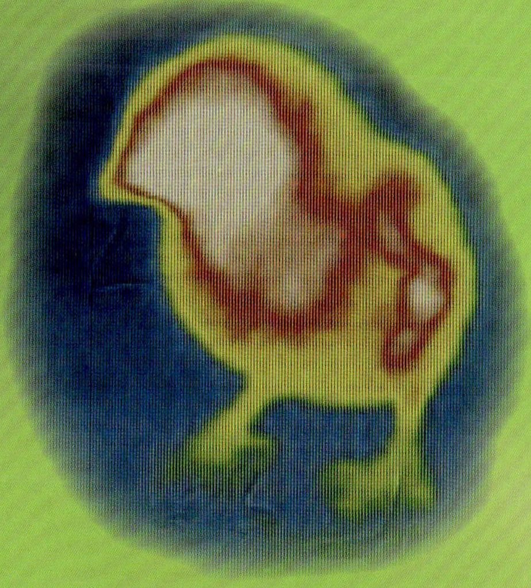

So wie auf diesem Bild das Küken, nimmt eine Grubenotter die Wärmestrahlung der Beutetiere in ihrer Umgebung wahr.

Schlängelnd durchs Leben

Schlangen bewegen sich schneller fort als man denkt, die schnellste von ihnen, die **Schwarze Mamba** *(Bild rechts oben)*, gleitet mit 24 km/h durch die Landschaft! Ihre Bewegungen erinnern uns an Wellen, nur dass diese seitlich verlaufen, also horizontal.

Die Wüstenschlangen nutzen eine seitwärts gerichtete Bewegungsart, die Seitenwinden, bei der sie nur möglichst wenig mit dem heißen Sand in Berührung kommen. Sie schieben den vorderen Teil ihres Körpers, den Hals, vor, ziehen den hinteren Bereich (vor dem Schwanz) hinterher und berühren dabei sehr geschickt nur mit wenigen Punkten ihres Körpers den heißen Boden.

Fast nur mit der Bauchhaut bewegen sich dickere Schlangen voran. Sie nutzen die Raupenbewegung. Sie heben und senken die Bauchplatten ihres Körpers abwechselnd, beziehungsweise bereichsweise an, sodass eine Auf- und Abwärtsbewegung entsteht. Eine solche Bewegung hast du auch schon bei einigen Schmetterlingsraupen beobachten können. Diese Bewegungsform nutzen vor allem auch Schlangen, die in Bäumen leben.
Um so zu schlängeln, muss das Tier seine Rippen immer abwechselnd auf den Boden pressen, mal stärker nach vorn gerichtet, mal nach hinten. Zusätzlich unterstützen die Platten an der Bauchseite ihres Netzhemdes die Bewegung. Dennoch benötigt die Schlange einen unebenen Boden, um voranzukommen. Auf glatten Böden würde sie es kaum von der Stelle schaffen.

Andere bewegen sich wie Regenwürmer, indem sie den Körper verankern, vorschieben und den Rest des Körpers nachziehen.

Wasserschlangen gleiten elegant durchs Wasser, hier erkennst du auch die deutlich seitwärts gerichteten Wellen. Der hintere, abgeflachte Teil des Körpers hilft, wie das Ruder eines Schiffes, die richtige Richtung einzuschlagen.
Ob Schlangen fliegen können? Nicht wirklich! Es gibt Baumschlangen, die sich sehr steif machen und dann ein Stück in die Tiefe schießen. Es erinnert ein wenig an eine Rakete oder einfach an einen Kopfsprung in die Tiefe, so wie wir ihn im Schwimmbad manchmal machen.

Die Haut der Schwarzen Mamba ist eher graubraun, die Unterseite hellgrau bis weißlich. Ihren Namen hat sie auf Grund ihrer dunklen Färbung im Maul.

Eng umschlungen

Zur Paarungszeit schlängeln die Männchen los und machen sich auf die Suche nach einem Weibchen. Sie werden von diesen durch einen besonderen Duft angelockt. Nicht immer hat ein Männchen Glück und ist der alleinige Bewerber. Häufig kommt es zu Kämpfen unter den Männchen. Die beiden Männchen richten sich auf, versuchen sich gegenseitig zu Boden zu werfen und ihre Stärke zu zeigen. Der starke Gewinner paart sich mit dem Weibchen.

Sobald sich ein Paar gefunden hat, umschlingen sich Männchen und Weibchen, sodass die Geschlechtsöffnungen übereinander zu liegen kommen. Das Männchen gibt seine Samenzellen, die Spermien, an das Weibchen ab. Bei einigen Schlangenarten bewahren die Weibchen ein Leben lang die Spermien in sich auf und müssen nicht erneut begattet werden, um Eier zu legen.

Schlangenbabys

Nach der Paarung entwickeln sich die Eier im Leib des Weibchens. Je nach Schlangenart können das wenige oder sehr viele sein. Die meisten Schlangen legen ihre Eier dann gut geschützt zwischen Steinen oder Laub ab. Dort können sie weder austrocknen noch zu kalt werden, denn meist werden die Eier sich selbst überlassen. Einige Arten brüten sie jedoch auch aus oder bewachen sie.

Die gerade ausschlüpfende kleine Schwarze Mamba ist schon ebenso giftig wie ihre Eltern.

Nach ungefähr acht Wochen ist die Entwicklung im Ei abgeschlossen, die Schlangenbabys schlüpfen aus. Ein Eizahn auf ihrer Nasenspitze hilft ihnen, die lederartige Eihaut, die sie umgibt, zu öffnen. Es sind keine hartschaligen Eier, wie wir sie von den Vögeln kennen. Schlangenbabys sind sofort selbstständig und suchen gleich das Weite.

Ähnlich ist es auch bei den Schlangenarten, deren Junge lebend geboren werden. Bei diesen findet die Entwicklung der Eier im Körper der Mutter statt. Sie werden lebend in einer Art durchsichtigen »Fruchthülle« geboren, die sie sofort abstreifen. Eine Eierschale gibt es nicht.

Frisches Eigelege einer Kobra

Unten: Das Klapperschlangenweibchen hat gerade ein Junges geboren, noch steckt es in der Eihülle.

Tödliche Gefahr!

Eine der giftigsten Schlangen unserer Erde ist die **Kettenviper**. Sie lebt in Südostasien, Indien, Sri Lanka, Taiwan, in Thailand, China und Indonesien, wo sie in der Nähe der arbeitenden Menschen im Gras- und Buschland, am Ufer von Flüssen, auf Feldern und in Gärten zu Hause ist. Bis zu 1 000 Menschen sterben jährlich an ihrem Biss. Überwiegend jagt sie nachts nach Ratten und Mäusen, Käfern, Eidechsen, Insekten. Fühlt sie sich bedroht, rollt sie sich zusammen, zischt laut und stößt dann blitzschnell und mit großer Kraft zu. Besonders gefährlich sind die Jungschlangen. Sie sind deutlich aggressiver als die älteren, aber ihre Bisse bereits genauso gefährlich. Schon 40 bis 70 Milligramm ihres Giftes, das entspricht einem einzigen Biss, wirken beim Menschen ohne das Gegengift tödlich. Obwohl sie so gefährlich ist, wird sie wegen ihrer schönen Haut gejagt, manchmal auch gegessen.

Manche spucken Gift!

Außer den mit Giftzähnen ausgestatteten Schlangen gibt es noch Gift speiende Schlangen. Die **Speikobra** fixiert ihr Opfer, richtet sich auf und stößt einen kräftigen Atemstoß aus. Dabei öffnet sie das Maul. Das Gift aus ihren Zähnen wird durch kleinste Löcher gespritzt und in zwei Strahlen bis zu vier Meter weit, zielgerichtet in das Gesicht »des Feindes« – in die Augen – gespuckt. Während die heile Haut nicht auf das Gift reagiert, kann ein Opfer, dessen Augen getroffen werden, erblinden.

Schlangenfresser

Man könnte meinen, Giftschlangen hätten keine Feinde, denn sie können sich gut verteidigen.
Trotzdem gibt es einige Tiere, die Schlangen – auch Giftschlangen – zum Fressen gern haben. Vor allem haben sich einige Greifvögel darauf spezialisiert Schlangen zu erbeuten.
Allen voran der in Afrika lebende, langbeinige **Sekretär**, der Schlangen durch die Tritte seiner langen, kräftigen Beine tötet. Auf dem Bild unten hat er gerade eine grüne Schlange erwischt.

Ein in Süd-, Südosteuropa und Indien vorkommender Adler trägt aufgrund seiner Nahrungsvorliebe sogar den Namen **Schlangenadler**. Du siehst ihn auf dem Bild links oben mit einer Schlange in den Fängen.

Auch verschiedene Störche, Reiher und Kraniche fangen gelegentlich Schlangen. Unter den Säugetieren ist besonders der Mungo zu nennen, der es sogar mit großen Giftschlangen, wie auf dem Bild rechts oben mit einer Boomslang, aufnimmt und sie tötet.
Auch Katzen – sogar Hauskatzen fangen gelegentlich Schlangen. Hier hat die Katze sogar eine giftige Kreuzotter erlegt und frisst sie.

Andere Länder, andere Sitten, andere Essgewohnheiten: In mehreren asiatischen Ländern werden Schlangen, auch Giftschlangen wie Kobras, auf verschiedene Weise zubereitet und gegessen, auf dem Bild unten offenbar gegrillt.

Ob eine Kobra auf dem Abendbrotteller bei uns wohl so jedermanns Geschmack ist?

Grüner Baumpython

Gewaltige Riesenschlangen

Nun hast du viel über die gefährlichsten und giftigsten Schlangen unserer Erde gelesen. Es sind spannende, interessante und oft auch hübsche Tiere, denen wir dennoch möglichst niemals begegnen wollen, und wenn – dann bitte mit dem gebührenden Respekt!

Nicht vergessen wollen wir aber die längsten, schwersten und stärksten Schlangen auf unserer Erde, die gewaltigen Riesenschlangen. Sie sind jedoch so vielseitig und spannend, dass wir ihnen außer diesen wenigen Bildern hier, ein eigenes Buch widmen werden.

Anakonda

Abgottschlange
Python

Unsere weiteren Fotosachbücher: brillant, informativ,

978-3-930038-45-9

978-3-930038-13-8

978-3-930038-24-4

978-3-930038-17-6

978-3-930038-74-9

978-3-949939-08-2

978-3-930038-04-6

978-3-930038-64-0

978-3-930038-90-9

978-3-930038-38-1

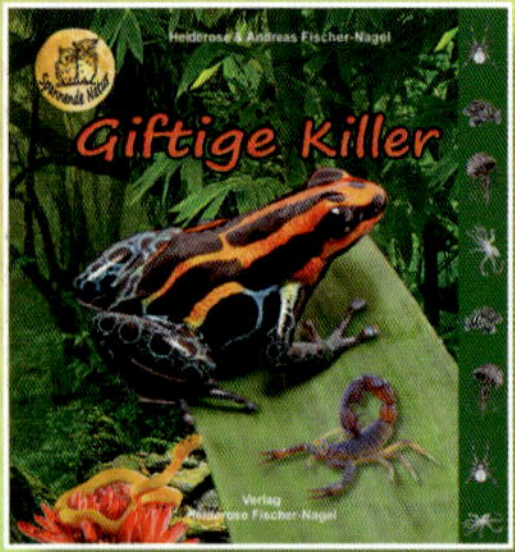

978-3-930038-95-4

978-3-930038-25-1

978-3-930038-87-9

978-3-930038-46-6

978-3-930038-47-3

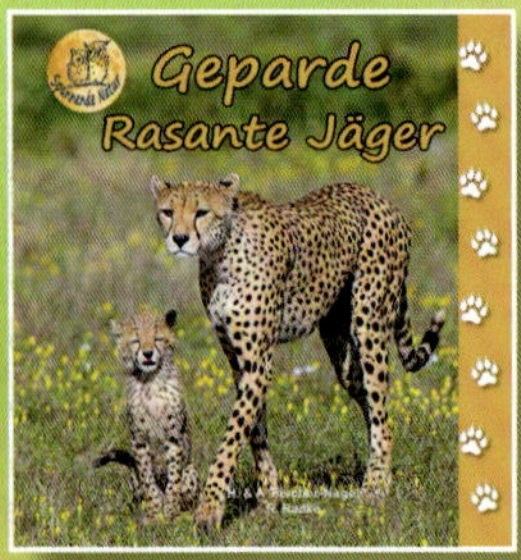

978-3-930038-63-3

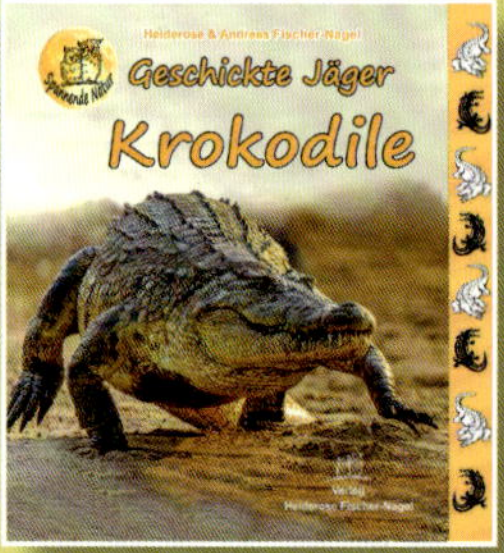

978-3-949939-09-9

978-3-930038-36-7

978-3-930038-76-3

978-3-930038-73-2

In Ihrer Buchhandlung oder Verlag Heiderose Fischer-Nagel, Brunnenstraße 7, D-34286 Spangenberg-